*Kompaktwissen: Teschler Lernförderung*

# Aufmerksamkeit & Konzentration

Originalausgabe

Copyright ©2009 by Polarity Verlag, Düsseldorf

ISBN: 978-3-939578-36-9

1. Auflage September 2009

Polarity Verlag, Düsseldorf
Wasserstraße 11
40213 Düsseldorf
Tel. 0211 / 160977 - 0
Fax. 0211 / 160977 - 25

E-Mail: info@polarity-verlag.de

Internet: www.polarity-verlag.de

# Frauke Teschler

## Kompaktwissen: Teschler Lernförderung
### Heft 1

# Aufmerksamkeit & Konzentration

Polarity Verlag - Edition Lernlust

# INHALTSVERZEICHNIS

# 1. EINLEITUNG

Wenn es ums Lernen geht, sind Konzentration und Aufmerksamkeit ganz große Themen. Die Fähigkeit zur Konzentration gehört zu den Basisvoraussetzungen für einen erfolgreichen Lernprozess. Ohne Konzentration ist Lernen nicht möglich. Weil ich um die zentrale Bedeutung dieses Themas weiß, habe ich es an den Anfang der Reihe: *Kompaktwissen Lernförderung*[1] gestellt.

In dieser Broschüre stelle ich Ihnen Techniken zur Verbesserung der Konzentrationsfähigkeit vor. Es sind Vorgehensweisen aus der Teschler Lernförderung, ein körperbasierter Ansatz mit dessen Hilfe die Konzentrationsfähigkeit fundamental verbessert werden kann.

Die Methode ist sowohl als eine Hilfe für Kinder mit Konzentrationsproblemen konzipiert, wie auch für ALLE anderen Kinder und Jugendlichen, die zwar keine Schwierigkeiten in ihrer Konzentration haben, sie doch aus mannigfaltigen Gründen heraus verbessern wollen oder sollen. Der Abbau von Störungen und Hindernissen und der Aufbau einer an den jeweiligen Bedarf angepassten Konzentrationsfähigkeit, sind das Ziel der Vorgehensweisen der Teschler Lernförderung.

Desweiteren informiere ich Sie über folgende wesentliche Themen rund um die Konzentration:

- was ist Konzentration
- was beeinflusst die Konzentration
- was verursacht Probleme in der Konzentration
- wie ist die Diagnose AD(H)S zu bewerten.

## 2. KONZENTRATION

Konzentration scheint etwas so selbstverständliches zu sein, dass sie in erster Linie dann auffällt, wenn sie nicht vorhanden oder erschwert ist. Das ist verständlich, handelt es sich bei der Konzentration doch um ein Mittel um etwas zu erreichen, vergleichbar mit der Busfahrt, die nicht die Sache, das Ziel an sich ist, sondern ein Mittel um von A nach B zu kommen.

**Konzentration bezeichnet die Fähigkeit die Wahrnehmung, Sinne, Gedanken, Handlungen so zu richten, wie es für die Bewältigung einer Tätigkeit/einer Aufgabe nötig ist.**

**Konzentration ist eine sich ständig wandelnde Grundlage der Handlungskompetenz.**

Konzentration existiert immer mit zumindest einem Objekt oder einem Tun auf das sie sich bezieht. Sie bezeichnet die Fähigkeit sich so auszurichten, wie es für die Bewältigung einer Tätigkeit/einer Aufgabe nötig ist. Konzentration ist eine variable Größe. Sie wird an die Erfordernisse und Gegebenheiten angepasst. Die Anpassung wird von den Gegebenheiten und Erfordernissen bedingt.

Für das Lesen braucht ein Kind eine andere Konzentration als für das Fahrradfahren, für das Kopfrechnen eine andere als für das Malen. Beim Fahrradfahren muss es über eine breite Konzentrationsfähigkeit verfügen, die sich gleichzeitig auf sich selbst, den eigenen Körper, die Motorik, das Gleichgewicht und auf den Weg auf dem es fährt bezieht. Beim Lesen braucht es eine gezielte Konzentration, die auf eine Ansammlung von Buchstaben in einem Buch fokussiert ist. Beim Malen muss es sich auf eine Idee und ihre Umsetzung in Farben konzentrieren können und das Kopfrechnen wiederum fordert die Konzentration auf gedachte, abstrakte Zahlen und Rechenprozesse.

Jedes Tun fordert eine andere Art der Konzentration.

Unterschiedliche Faktoren bestimmen die Art der Konzentration. Eine wichtige Rolle spielt, wie gut das Kind eine Tätigkeit bereits beherrscht. Fängt es gerade an zu lesen oder Fahrrad zu fahren, dann muss das Kind sich ganz anders auf die Tätigkeit konzentrieren, als wenn es darin schon geübt ist. Hat es die Tätigkeit bereits gelernt, was bedeutet sie ist in den wesentlichen Teilen automatisiert, dann wird die Konzentration, die ein Kind für die Ausführung braucht, wiederum eine andere.

**Die Konzentration schlechthin gibt es nicht, es gibt immer die spezifische Konzentration, die von einem bestimmten Kind für die Bewältigung einer spezifischen Aufgabe notwendig ist.**

Ein wesentlicher Unterschied in der Konzentrationsgestaltung ist, ob das betreffende Tun passiv ist oder ob es eine aktive Handlung verlangt. Die wenigsten Kinder zeigen eine Auffälligkeit, wenn es darum geht einer Geschichte zuzuhören die vorgelesen wird oder gar als Film im Fernsehen zu sehen ist. Besteht die Aufgabe jedoch darin die Geschichte selber zu lesen, ist eine andere Anforderung an die Fähigkeiten des Kindes und damit auch an die Konzentration gestellt.

Welche Stärke und welche Art der Konzentration für die Bewältigung einer Aufgabe oder die Ausführung einer Tätigkeit gebraucht wird, hängt demnach sowohl von der Aufgabe selbst und den Anforderungen die sie stellt, sowie von den Fähigkeiten, dem Können des ausführenden Kindes, von der Situation in der dies geschieht und von dem gewünschten Ergebnis ab.

Hier zusammengefasst die maßgeblichen Faktoren, von denen die Art der Konzentration abhängt:

• von der Art der Tätigkeit / des Objekts, auf die sie gerichtet ist (Fahrrad fahren oder lesen)

• von dem Stand der Fertigkeiten, die der Ausführende in Bezug auf die Tätigkeit hat (Anfänger oder Fortgeschrittener)

• von der Situation in der die Tätigkeit stattfindet (Fahrradfahren im Wald oder im Straßenverkehr)

• davon ob die Tätigkeit aktiv oder passiv ist (einer Geschichte zuhören, oder sie selber lesen)?

Eine sprachliche und inhaltliche Unterscheidung mit der wir verschiedene Arten der Konzentration benennen, ist die Unterscheidung zwischen Konzentration und Aufmerksamkeit.

Wir nutzen das Wort Aufmerksamkeit, wenn wir von einer passiven, aufnehmenden, breiten Konzentration sprechen. Wir sprechen davon, dass ein Kind beim Fahrradfahren oder auf dem Weg zur Schule aufmerksam sein sollte, damit es die Signale der Umwelt, den Verkehr, die Umgebung in sein Tun einbezieht.

Wir sprechen von Konzentration, wenn es um eine gezielte, fokussierte Tätigkeit geht, wie Schreiben oder Lesen, bei der das Kind seine Aufmerksamkeit auf ein spezielles Objekt oder eine Tätigkeit bündeln, ausrichten, fokussieren - eben konzentrieren muss.

Eine weitere Art der Konzentration ist die Versunkenheit, der Begriff für einen Zustand, in dem die Aufmerksamkeit derart auf ein Objekt oder eine Tätigkeit gerichtet ist, dass man von einer Absorption der Aufmerksamkeit sprechen kann. Die Welt außerhalb des Objektes der Konzentration wird nicht oder kaum mehr wahrgenommen, das Kind ist voll und ganz in seinem Tun aufgegangen, versunken.

Für die Differenzierungen der Konzentration, die wir zur Bewältigung des Täglichen zur Verfügung haben und benötigen, gibt es in unserer Sprache offensichtlich nicht ausreichend Worte. Das fällt jedoch erst dann auf, wenn man die beobachteten Konzentrationsarten und Konzentrationsfähigkeiten beschreiben und dingfest machen will.

Die Art und Weise in der Konzentration stattfindet ist unauffällig, unspektakulär. Gibt es keine Probleme, dann passen wir unsere Konzentration automatisch an die Gegebenheiten und Erfordernisse an. Für Kinder gilt das selbe. Konzentration ist im Allgemeinen etwas, was ganz natürlich ist. Sie fällt uns erst dann auf, wenn sie gestört ist, erschwert ist, eben wenn es Probleme mit ihr gibt.

Von gestörter Konzentration sprechen wir, wenn mit der vorhandenen Konzentrationsfähigkeit nicht das erreicht wird, was erreicht werden will oder soll, oder wenn das Kind sich beim Ausüben der Tätigkeit nicht an die gängigen Normen halten kann.

## Zusammenfassung:
## Das ist eine gute Konzentrationsfähigkeit

Konzentration ist ein zweckgebundenes Werkzeug der Handlungskompetenz.

Wir sprechen dann von einer guten Konzentrationsfähigkeit, wenn ein Kind in der Lage ist sich so zu konzentrieren, dass es zum Erfolg bei der Bewältigung einer Aufgabe kommt. Hinzu kommt, dass dies in einer Weise geschehen sollte die der Situation angemessen ist (man läuft beim Rechnen nicht durch den Klassenraum!) und in einem angemessenen Zeitrahmen.

Zu einer guten Konzentrationsfähigkeit gehört es, die Konzentration effektiv an die jeweiligen Erfordernisse einer Tätigkeit anpassen zu können. Eine, auf die Zeile im Buch, gezielte Konzentration beim Lesen einsetzten zu können und eine breite, die Zusammenhänge im Auge habende, beim Fahrradfahren, ist im Sinne der Aufgabe gut und effektiv. Bin ich beim Fahrradfahren gezielt auf mein Gleichgewicht konzentriert, ist das für das Fahren im Straßenverkehr eine uneffektive, wenn nicht sogar gefährliche Konzentration. Habe ich beim Lesen die ganze Seite mit all ihren Buchstaben im Blick, komme ich nicht zum Ziel.

Ein Kind mit einer guten Konzentrationsfähigkeit muss körperlich und emotional zu folgenden Teilfertigkeiten in der Lage sein:

• es muss seine Aufmerksamkeit auf ein bestimmtes Objekt / eine Tätigkeit fokussieren können,

• es muss in der Lage sein die Aufmerksamkeit über einen längeren Zeitraum bei dieser Tätigkeit zu halten,

• es muss seine Aufmerksamkeit sowohl auf etwas im Außen , als auch auf etwas im eigenen Inneren richten können,

• es muss seine Aufmerksamkeit modifizieren, der gegebenen Situation anpassen können

• es muss für eine bestimmte Zeit seine Umgebung ausblenden können und die Tätigkeit wichtiger nehmen als anderes

• es muss die Tätigkeit bewältigen können und es sich auch zutrauen.

Dies sind Fertigkeiten, die die Qualität der Konzentrationsfähigkeit bestimmen. Die Bedingungen sind komplex, die Konzentrationsfähigkeit ist von vielen verschiedenen Faktoren abhängig.

Damit ist klar: ebenso wenig wie es DIE eine Konzentrationsfähigkeit gibt, gibt es DIE eine Konzentrationsstörung. Konzentration hat viele Facetten. Sie kann bei nahezu jedem Kind verbessert werden (und bei jedem Erwachsenen auch, aber das ist hier nicht das Thema), selbst dann wenn die Konzentration als gut bezeichnet wird.

Je besser die Konzentrationsfähigkeit eines Kindes, umso leichter ist das Lernen.

# 3. KONZENTRATIONSPROBLEME
## Sind wir nicht alle ein bisschen ...

Es gibt kein Kind und auch keinen Erwachsenen der völlig frei von Konzentrationsproblemen ist. Stellen Sie sich vor, Sie würden in diesem Moment vor die Aufgabe gestellt Ihre Steuererklärung zu machen. Wer von Ihnen finge nicht an, an seinem Bleistift zu kauen, auf dem Sessel hin und her zu rutschen, aufzuspringen, sich einen Kaffee zu holen und lieber die Geschirrspülmaschine auszuräumen, statt sich der Aufgabe zu widmen. Damit würden Sie klare Anzeichen einer Konzentrationsschwäche zeigen.

Bei der Betrachtung der potenziellen Mängel in der Konzentrationsfähigkeit hat es oft den Anschein, als wäre die Konzentrationsfähigkeit etwas Absolutes. Es wird einem Kind entweder eine ganz gute, eine hervorragende oder eine schlechte Konzentrationsfähigkeit attestiert, ungeachtet der Tatsache, dass die Konzentrationsfähigkeit von dem Objekt auf die sie gerichtet ist abhängt.

Nimmt man dies als Grundlage aller weiterer Auseinandersetzungen mit dem Thema Konzentration, wird deutlich, wie wenig hilfreich die tausendfach getätigte Aussage: „Michael / Michaela kann sich einfach nicht konzentrieren!" ist. Wann und worauf kann das Kind sich nicht konzentrieren? Auf das Lesen? Auf das Schreiben? Auf das Malen auch nicht? In der Schule? Zu Hause? Wenn es in der Klasse unruhig ist? Immer? Vor allem dann, wenn die schulischen Leistungen im Mittelpunkt stehen? Und weniger, wenn es um die sportlichen oder die spielerischen Tätigkeiten geht?

Kommen wir zu dem Beispiel, der Steuererklärung zurück. Bei der Beurteilung der Konzentrationsprobleme vieler Kinder vergessen wir oft, dass Kinder beim Lernen andauernd vor Aufgaben stehen, die für sie den Schwierigkeitsgrad einer „Steuererklärung" haben (falls Sie als geschätzter Leser Steuerberater sein sollten, stellen Sie sich einfach vor, Sie müssten ein 20-seitiges Essay über die Bedeutung Gustav Klimts im Jugendstil schreiben).

Kinder sind mit Dingen beschäftigt, die sie **noch nicht** gut beherrschen (durch die sie oft ebenso wenig „steigen" wie Sie durch die Formulare des Finanzamtes).

Sie müssen Aufgaben erledigen, die als Anforderung von außen an sie heran getragen werden (am 31. dieses Monats muss die Erklärung beim Finanzamt sein!).

Sie müssen Dinge tun, für die sie nicht intrinsisch motiviert sind, für die sie sich nicht wirklich interessieren (ich brauche die Steuer… hier wohl nicht zu erwähnen).

Und Sie müssen dafür andere Dinge, die sie lieber tun möchten, hinten an stellen.

Kinder haben mehr Konzentrationsprobleme, weil sie sehr viel öfter als Erwachsen vor neuen Anforderungen stehen. Bei Erwachsenen fallen Konzentrationsprobleme unter anderem deswegen weniger auf, da Erwachsene die Dinge die sie nicht beherrschen, meiden oder kompensieren. Wenn Sie sie nicht meiden, sind sie entweder intrinsisch motiviert, d.h. sie haben sich aus sich selbst heraus entschlossen etwas zu lernen oder ihre Existenz, z. B. ihr Arbeitsplatz hängt von der Bewältigung ab, was die Motivation extrem steigern kann.

Ich habe noch kein Kind erlebt, welches sich „nicht konzentrieren kann". Jedes Kind kann sich konzentrieren, es ist jedoch die Frage wie intensiv und auf was! Selbst Kinder denen ein AD(H)Syndrom diagnostiziert wurde, können sich konzentrieren und tun das auch. Sie tun es jedoch nicht in den Bereichen, in denen wir etwas von ihnen erwarten und nicht in der Art die den Anforderungen gerecht wird.

Nun mag der eine oder andere diese Überlegungen für spitzfindig und unnütz halten angesichts des Fakts vieler Kinder, die nicht in der Lage sind den Unterrichtsstoff, geschweige denn ihre Hausaufgaben zu bewältigen, still zu sitzen, sich an die Regeln der Gemeinschaft zu halten und so weiter. Doch langsam: für den Umgang mit den betroffenen Kindern spielt es eine große Rolle, wie die Auffälligkeit im Detail ausgeprägt ist. Dies liefert wichtige Hinweise über die Art der Problematik und die Art wie dem Kind geholfen werden kann.

**Denn: es gibt wahrscheinlich so viele Gründe für eine Konzentrationsauffälligkeit, wie es Kinder gibt.**

Die Konstellation, in der eine problematische Konzentration auftaucht, weist zwischen einzelnen Kindern Parallelen auf, die Ausprägung ist jedoch immer individuell. Dies ist der Grund aus dem heraus wir uns in der Teschler Lernförderung intensiv, mit einem speziell dafür entwickelten Befundaufnahmeverfahren, mit den Hintergründen und Ursachen einer Auffälligkeit auseinandersetzten. Die Auswertung der Befundaufnahme gibt uns wichtige Hinweise über die Zusammenhänge, in denen ein Konzentrationsproblem steht und ermöglicht uns ein zielgerichtetes Vorgehen in der Arbeit mit dem Kind.

Wenn ich in dem nächsten Abschnitt über die Entstehung von Konzentrations- und Aufmerksamkeitsproblemen spreche, dann geschieht das aufgrund der Erfahrungen und Befunde, die mein Mann und ich in jahrelanger Praxis mit Kindern und Jugendlichen gesammelt haben. Ich erwähne die Ursachen und Konstellationen, die am häufigsten auftreten und die am ehesten zu verallgemeinern sind. Ich erhebe damit keinen Anspruch auf Vollständigkeit,

16

denn wie oben erwähnt: die Entstehung von Konzentrationsproblemen ist ausgesprochen individuell. In jedem Fall sollte man einen genauen Befund erheben und sehr genau hinschauen, bevor therapeutische Maßnahmen ergriffen werden.

Die Beschreibungen des folgenden Abschnitts dienen auch dazu das Bewusstsein über die Hintergründe von Konzentrationsproblemen zu schärfen und dazu anzuregen bessere und genauere Befundaufnahmen, vor allem im Bezug auf die Diagnose AD(H)S, zu erheben.

In der Praxis erweist es sich immer wieder, dass die Kinder mit körperlich und genetisch bedingten Konzentrationsproblemen sehr viel seltener zu finden sind, als die häufige Diagnose AD(H)S es erscheinen lässt. Die meisten Konzentrationsauffälligkeiten haben soziale und seelische Hintergründe. Diese Kinder auf dieselbe Weise wie Kinder mit einem hirnorganisch/genetisch bedingten AD(H)S zu behandeln, halte ich für sehr bedenklich. Die oft damit einhergehende medikamentöse Behandlung bringt schwerwiegende Nebenwirkungen mit sich und ist nicht das richtige Mittel, um ihre Problemen zu lösen.

## So entstehen Konzentrationsprobleme
Kommt die Sprache auf Aufmerksamkeits- und Konzentrationsprobleme, ist heutzutage eine Auseinandersetzung mit dem Thema AD(H)S unumgänglich. Ich stelle das Thema AD(H)S daher an den Anfang meiner Ausführungen. Es geschieht nicht, weil ich der Meinung bin, das AD(H)S, als genetisch disponierte Krankheit mit hirnorganischen Unregelmäßigkeiten, zunimmt. Die große öffentliche Aufmerksamkeit die dem AD(H)Syndrom gebührt, hat meines Erachtens damit zu tun, dass es mittlerweile immer mehr Firmen, Institutionen, Forschungseinrichtungen und Ärzte gibt, die gutes Geld mit AD(H)S

verdienen. Diese Tatsache sollte man bei der Beurteilung der Diskussionen um dieses Syndrom im Auge haben.

**Von Konzentrationsproblemen sind viele Kinder betroffen, die wenigsten von ihnen haben ein AD(H)Syndrom.**

## AD(H)S

Ist ein Konzentrationsproblem stark ausgeprägt oder wissen Eltern und Pädagogen im Umgang mit einem unruhigen, auffälligen Kind nicht weiter, kommt sehr schnell der Gedanke auf: hier handelt es sich um AD(H)S! AD(H)S ist schlimm, aber irgendwie auch wiederum einfach, denn hat man erst einmal diese Diagnose, dann „weiß man ja endlich was es ist" – eine Krankheit! Und gegen eine Krankheit gibt es standardisierte Vorgehensweisen. Ich gebe an dieser Stelle keine Stellungnahme ab, ob man AD(H)S mit Medikamenten behandeln sollte oder nicht.

Für die Diagnose AD(H)S gibt es nach wie vor keine eindeutig nachweisbaren und gesicherten „Beweise", wie es im Übrigen für fast alle psychischen Erkrankungen keine klaren Befunde gibt. Selbst für die weit verbreitete These der Hirnstoffwechselanomalie existieren bis heute keine eindeutigen Belege.

Die Diagnose ist definiert als das beobachtete Zusammentreffen der **Symptome**: Konzentrationsstörung, motorische Unruhe und fehlende Impulskontrolle. Sie liefert keine Aussage darüber, wie es zu diesen Symptomen kommt. (Unseres Erachtens bleibt diese Diagnose somit an der Oberfläche einer möglichen, tiefgehenden und dem Kind gerecht werdenden Diagnose stehen.)

Ich gebe Ihnen einen Überblick über die Hintergründe, die sich in unserer Praxis mit Kindern als die wichtigsten für die Ausbildung einer AD(H)S Symptomatik heraus kristallisiert haben. Wir finden sie wichtig, weil sie uns immer

18

wieder begegnen. Wir wundern uns darüber, dass diesen Hintergründen in der Forschung zur AD(H)S Thematik unserer Beobachtung nach wenig oder keine Beachtung geschenkt wird.

## Vorgeburtliche Erlebnisse

Zu den häufigsten Ursachen die unserer Erfahrung und Beobachtung nach starke Konzentrationsprobleme mit einer AD(H)S Symptomatik nach sich ziehen, gehören Ereignisse in der *Embryonal-* und *Fetalphase* der Entwicklung.

Wir haben in unseren Befundaufnahmen bei Kindern mit einem stark ausgeprägten AD(H)S ausgesprochen häufig sehr schwierige Schwangerschaftsverläufe, Mütter mit einer Neigung zu Fehlgeburten, Mütter mit einer großen Unsicherheit über die Richtigkeit der Schwangerschaft vorgefunden. Unsere Arbeit und Auseinandersetzung mit Erwachsenen AD(H)S Betroffenen unterstützen unsere Beobachtungen.

Kinder entwickeln eine für sie selbst nicht zu steuernde motorische Unruhe und Unkonzentriertheit, wenn sie sich während der Schwangerschaft in einer unsicheren, radikal ablehnenden oder lebensbedrohlichen Situation befunden haben.

Dies ist leicht zu verstehen, führt man sich vor Augen, dass die Entwicklung des Embryos/Fötus sehr stark von dem Klima in dem sie geschieht beeinflusst wird. Liegen Faktoren vor, durch die die Situation des Ungeborenen im Mutterleib unsicher ist und durch die die Gefahr besteht, dass die Mutter den Embryo/Fötus verliert, hat das einen gravierenden Einfluss auf die Entwicklung des Kindes. Die Bedrohung der embryonalen/fetalen Existenz führt fast zwingend zur permanenten körperlich/emotionalen Existenzunsicherheit. Diese Existenzunsicherheit setzt sich nach der Geburt fort, da sie zu einem Grundzustand der Körperlichkeit des Kindes geworden ist.

Die Existenzunsicherheit, noch genauer benannt: existenzielle Panik, bildet die Basis für das Erleben der extrauterinen Existenz. Betroffene erleben nicht unbedingt bewusste Panik. Für sie ist dieser Zustand normal, sie zeigen ihn in der Unmöglichkeit sich auf etwas einzulassen und zur Ruhe zu kommen. Sie zeigen ihn in Form von motorischer Unruhe, die man auch als eine ständige „Habacht-Stellung", oder einen ständigen Fluchtreflex bergreifen kann. Sie reagieren ständig „über", da sie keine existenzielle Sicherheit kennen, sondern ihre Existenz durch Jedes und Alles bedroht fühlen (können).

AD(H)S wird normalerweise mit einer Anomalie des Hirnstoffwechsels erklärt, die eine genetische Disposition als Grundlage habe. Nimmt man unsere Befunde und Beobachtungen als Ausgangspunkt, dann stellt sich die Frage, ob diese Anomalie NUR durch eine gentische Disposition entstanden sein kann. Ich bin mir sicher, dass die beschriebene embryonale/fetale Existenzunsicherheit durchaus zu anormalen Gehirnstoffwechselsituationen führen kann. Unser Gehirn verändert und entwickelt sich ständig, vom Beginn der Existenz im Uterus bis zu unserem letzten Atemzug. Es verändert sich je nachdem, was wir erleben, empfinden, denken und tun. Eine so gravierende Lebenssituation, noch dazu in der Aufbauphase des Gehirns, hat mit größter Sicherheit Auswirkungen auf selbiges. Um dies zu postulieren muss man kein Hirnforscher sein, es wäre jedoch wünschenswert, dass die Hirnforschung diese Zusammenhänge bei ihren AD(H)S Forschungen mit berücksichtigte.[2]

Die Frage nach den Ursachen von AD(H)S ist ein sehr sensibles Thema, welches Ängste und Schuldgefühle provozieren kann. Dies zu tun ist nicht in meinem Sinn und auch nicht in meinem Interesse. Mir geht es um das Verständnis für das Phänomen AD(H)S und um Vorgehensweisen, die den betroffenen Kindern nachhaltig helfen können. Wir bieten – den Ursachen gemäß – körpertherapeutische Interventionen an, die die existentielle Unruhe dieser Kinder abbauen, und ihnen hilft ein Grundvertrauen aufzubauen.

## Traumatische Erlebnisse

Ähnliche Symptome wie Kinder, die eine unsichere Embryonal- und/oder Fetalphase erlebten, haben wir bei jenen beobachtet, die im Laufe ihrer *frühkindlichen* oder *kleinkindlichen* Lebensgeschichte gravierende traumatische Erlebnisse durchstehen mussten.

Die Art der Traumata die eine AD(H)S Symptomatik verursachen können, ist sehr umfangreich, der Tenor ist jedoch auch hier die Bedrohung der kindlichen Existenz. Verwahrlosende oder gewalttätige Familienverhältnisse, unsichere Versorgung mit Nahrung oder Fürsorge, schwere Krankheiten, Notfallsituationen die als Kleinkind erlebt wurden, Nahtoderlebnisse und mehr. Auch diese Kinder haben eine Gefährdung ihrer Existenz erfahren, zwar in einem anderen Stadium ihrer Entwicklung als die vorher beschriebenen, aber mit ähnlichen Auswirkungen.

Die Verunsicherung in der Existenz führt zu ähnlichen Symptomen und kann mit ähnlichen Auffälligkeiten einher gehen. Die betroffenen Kinder können sich nicht dem Lernen oder dem Spielen hingeben. Auch wenn sie sich nicht bewusst an die ihnen geschehenen Traumata erinnern, bilden diese die Grundlage ihres Verhaltens.

Die gravierdenden Erlebnisse führen dazu, dass sie sich nicht auf andere Dinge einlassen können. Für viele dieser Kinder gilt: sie sind nicht unkonzentriert, sie können sich nur nicht auf die Dinge konzentrieren, die wir von ihnen verlangen. Ihre ganze Konzentration ist immer noch auf die Sicherung ihrer Existenz, auf ihr Überleben gerichtet, auch wenn die traumatisierenden Situationen längst vorbei sind. Andere Kinder mit traumtischen Erlebnissen sind unkonzentriert, da das Trauma sie anhaltend paralysiert und handlungsunfähig gemacht hat.

In unserer Arbeit begegnen wir ihnen, indem wir mit Hilfe von körpertherapeutischen Übungen und einfachen Mentaltechniken, ihre körperliche Integrität, ihr Gefühl für sich selbst, ihre Stabilität und ihr Grundvertrauen stärken und auf diesem Weg die Folgen der Traumatisierung langsam lösen.

## Fehlende Regeln und Grenzen in der Erziehung

Eine Erziehung ohne konstruktive Grenzen und Regeln haben wir als einen weiteren Grund für Konzentrationsprobleme, die als AD(H)Syndrom diagnostiziert werden, beobachtet, wobei ich in diesen Fällen die Diagnose für verfehlt halte.

Kinder die nicht gelernt haben mit Regeln und Grenzen umzugehen, weil sie in einer Umgebung aufwuchsen in denen es keine oder nur sehr chaotische und willkürliche Regeln gab, zeigen die Symptome aufgrund von Anpassungsproblemen.

Sie kennen geregelte und geordnete Verhältnisse nicht, sie haben es nicht gelernt sich in einen sozialen Kontext einzugliedern, die eigenen Bedürfnisse zurückzustellen, Impulse zu kontrollieren, Rücksicht zu nehmen, Regeln zu achten und einen Erwachsenen als Autorität anzuerkennen.

In der Schule sind sie plötzlich mit einer klaren Ordnung konfrontiert, an die sie sich halten sollen, können jedoch gar nicht einsehen, warum sie das tun sollen. Unruhe, Unkonzentriertheit und auffälliges Verhalten sind oft die Folge.

Kann man als Lehrperson oder als Therapeut eine stabile Beziehung zu diesen Kindern aufbauen, eine Beziehung in der sie sich geachtet und Ernst genommen fühlen, besteht die Chance, dass sich ihr Verhalten ändert. Kann man ihnen nahe bringen, dass die Gemeinschaft ihnen etwas zu bieten hat, dann wird es möglich sie zu einer Mitarbeit und zur Akzeptanz der Regeln der Gemeinschaft zu motivieren.

**Körperliche und psychische Probleme**
Eine Menge anderer körperlicher und seelischer Probleme sind im dem Kontext einer Differentialdiagnose zur AD(H)S Diagnose noch zu nennen: Lebensmittelunverträglichkeiten, die zu permanentem körperlichem Unwohlsein und Unruhe führen; Allergien wie beispielsweise Neurodermitis; das Kiss Syndrom mit seinen negativen Auswirkungen auf die Konzentrationsfähigkeit; psychiatrische Erkrankungen, wie eine kindliche Schizophrenie, Asperger Autismus oder eine depressive Erkrankung, um die wichtigsten zu nennen.

## Die „normale" Unkonzentriertheit und die weit verbreiteten Aufmerksamkeits- und Konzentrationsbehinderer

Neben den Kindern mit einer stark ausgeprägten Unkonzentriertheit gibt es die vielen, die immer wieder ihre Probleme mit der Aufmerksamkeit haben. Diese Kinder profitieren ebenso sehr von unseren Übungen zur Verbesserung der Konzentrationsfähigkeit.

Wie oben erwähnt ist die Konzentrationsfähigkeit keine statische Größe, sie wird von vielen Faktoren beeinflusst. Die wichtigsten nenne ich Ihnen im Folgenden.

### Motivation und Interesse

Bei der Konzentrationsfähigkeit spielt die Motivation eine große Rolle. Je mehr ein Kind für eine Tätigkeit motiviert ist, desto weniger Probleme wird es haben, sich auf die Tätigkeit zu konzentrieren. Die Motivation erleichtert es dem Kind seine Energien zu bündeln, die Aufmerksamkeit auf die Tätigkeit zu richten und sie bei der Tätigkeit zu halten, denn es WILL die Aufgabe erledigen. In vorhandener oder nicht vorhandener **Lernlust**, die auf die Motivation wirkt, liegt eine Ursache dafür, warum viele Kinder in einigen Bereichen eine gute Konzentration zeigen und in anderen eine schlechte.

Dabei spielt es keine große Rolle, warum ein Kind motiviert ist und Lust am Lernen hat. Vielleicht ist es motiviert, weil es die Lehrerin nett findet und von ihr gelobt werden möchte. Es kann sein, dass der große Bruder schon lesen kann und das Kind genauso gut sein möchte wie der große Bruder. Es kann sein, dass Papa 2.-€ versprochen hat, wenn es eine gute Note gibt. Oder es kann sein, dass das Kind aus sich heraus an einer Sache interessiert ist, sprich intrinsisch motiviert ist. Die letzte Möglichkeit erweist sich meistens als die stabilste. Bei Kindern gilt in dieser Hinsicht das gleiche wie bei uns Erwachsenen. Ist ein Mensch aus sich heraus an einer Sache interessiert, mobilisiert er mehr Kräfte um sie in Erfahrung zu bringen oder sie zu bewältigen und hat einen wesentlich höheren und dauerhafteren Lernerfolg. Sich für die Welt interessieren, sich aus eigenem Interesse für eine Sache einsetzen, selber etwas in Erfahrung bringen wollen und das auch tun, ohne danach zu fragen, was es einem bringt, sind jedoch leider Qualitäten, die in unserer mehr und mehr von Normierung geprägten Bildungslandschaft zurück gehen.

Liegt eine hohe Motivation einer Tätigkeit oder einem Lernprozess zu Grunde, können wir oft beobachten, dass Faktoren, die sonst ein Anlass für Unkonzentriertheit sind, wie eine laute Umgebung, Ablenkungen um den Tätigen herum, nicht Können einzelner Fertigkeiten, die zur Bewältigung notwendig sind etc., an Bedeutung verlieren. Eine hohe Motivation trägt dazu bei, Kinder bei einer Sache zu halten und hilft ihnen, die Schwierigkeiten im Umgang mit der Sache auf sich zu nehmen. Mit unseren Körperübungen unterstützen wir die Motivation von Kindern, fördern sie darin etwas aus eigenem Interesse zu tun, aktiv zu sein und eigene Interessen zu entwickeln.

Hat ein Kind eine schlechte oder gar keine Motivation etwas zu lernen, versuchen Pädagogen und Eltern oft mit Druck diesem Mangel beizukommen. Durch Druck und Lockmittel kann Motivation entstehen, muss es aber nicht. Durch den Druck kann auch ein Machtkampf zwischen dem Pädagogen und dem Kind entstehen, in dem es darum geht, wer sich durchsetzt. In diesem Machtkampf gibt es keinen Gewinner und zur Steigerung der Motivation führt er in den seltensten Fällen.

Ein anderer Versuch mit mangelnder Motivation umzugehen ist der immer wieder geäußerte Apell an Kinder: „Überleg doch mal, Du lernst doch nicht für die Schule, sondern für Dein ganzes späteres Leben! Du willst doch einmal einen guten Beruf bekommen und viel Geld verdienen." Diese Ratschläge sind gut gemeint, sie berücksichtigen jedoch nicht, dass Kinder noch gar nicht dazu fähig sind sich vorzustellen/zu abstrahieren, was später einmal sein wird, geschweige denn wie sich ihr Handeln jetzt auf ihr Leben später auswirkt. Denn Kinder leben vornehmlich im JETZT, in dem was JETZT ist und sind an allem interessiert was JETZT keine Konflikte bringt und sich JETZT gut anfühlt.

Um ein Kind zu motivieren, sollte ihm etwas angeboten werden, was es JETZT begeistert, was jetzt seinen Fähigkeiten und Interessen entspricht. Wir tun mit unserem Vorgehen das unsrige dazu, indem wir Kinder darin bestärken und fit dafür machen eigene Interessen zu entwickeln und diesen nachzugehen.

Eine geringe oder fehlende Motivation kann auch entstehen, weil ein Kind sich das Lernen nicht zutraut, resigniert hat und aufgrund von Lernproblemen, Entmutigung oder Unfähigkeitserlebnissen nicht lernen möchte. Dies ist wichtig zu unterscheiden, denn es macht ein anderes Vorgehen mit dem Kind nötig.

### Entmutigung

Entmutigung ist ein Begriff der von dem Individualpsychogen und Schüler Alfred Adlers, Rudolf Dreikurs geprägt wurde[3]. Entmutigung bezeichnet den Zustand eines Kindes, welches sich nichts zutraut, nicht an seine Fähigkeiten glaubt. Entmutigung heißt, ein Kind fühlt sich - angenommen oder real - unfähig Aufgaben die das Leben oder die Schule stellen zu erledigen.

Die Art in der entmutigte Kinder uns begegnen, kann sehr unterschiedlich sein. Sie können als Rüpel, als Prinzessin, als Träumer, als Leistungsverweigerer oder Chaot in Erscheinung treten. In sehr vielen Fällen haben diese Kinder Konzentrationsprobleme. Ihre Konzentrationsfähigkeit ist eingeschränkt, weil sie:

- sich die Bewältigung einer Aufgabe nicht zutrauen,

- tatsächlich nicht über die Fähigkeiten verfügen, die sie brauchen um die Aufgabe zu erledigen,

- nicht gelernt haben schwierige Situationen zu meistern,

- Angst davor haben Fehler zu machen,

- sich vom Lernen abgewandt haben, da sie sich für unfähig halten.

Entmutigten Kindern fällt meistens etwas ganz Wichtiges ein, was sie dringend erledigen müssen bevor sie an eine Aufgabe heran gehen können: zur Toilette gehen, Wasser trinken, schnell noch einen Stift aus dem Ranzen holen, der Freundin etwas geben und ähnliches. Sie träumen, verweigern oder nehmen jede Gelegenheit wahr der Aufgabe auszuweichen. Sie haben keine körperlichen Konzentrationsprobleme, ihre Konzentrationsfähigkeit ist aufgrund von mangelndem Können, mangelnder Handlungsfähigkeit und mangelndem Selbstbewusstsein eingeschränkt.

Entmutigung entsteht vor allem durch **Verwöhnung,** durch **Zurückweisung/Vernachlässigung** und durch nicht erkannte reale **Lernprobleme**, die die Leistungsfähigkeit eines Kindes beeinträchtigen. Ich hebe den Aspekt der **emotionalen, wie materiellen Verwöhnung** an dieser Stelle besonders hervor, da Verwöhnung meines Erachtens ein weit verbreiteter Erziehungsstil ist, der in seinen Auswirkungen auf das Lernverhalten und die Motivationslage von Kindern ernster genommen werden sollte.

**Verwöhnte** Kinder sind überbehütet, überversorgt und nicht dazu angeleitet worden ihre eigenen Fähigkeiten zu entwickeln. Einem verwöhnten Kind werden unleidige Aufgaben und Tätigkeiten abgenommen. Es lernt nicht sich durchzubeißen, durchzuhalten und Frustrationen auszuhalten. Ein Beispiel für diese Entwicklung ist die Tatsache, dass Kinder heutzutage kaum noch zur Schule GEHEN, sondern zur Schule gefahren werden. Angesichts des Autokorsos, der sich heute bei Schulschluss vor einer Schule einfindet, sollte man den Begriff ZUR SCHULE GEHEN vielleicht in ZUR SCHULE GEFAHREN WERDEN umwandeln. Die Entwicklung geht jedoch weit darüber hinaus. Sie beginnt beim überversorgenden Umgang mit Kleinkindern und endet …? Kürzlich las ich in einem Artikel in der Süddeutschen Zeitung[4], dass Universitäten mittlerweile Elternabende! veranstalten, weil immer mehr Eltern in die Unis strömen, um sich nach dem Wohl ihrer Kinder (Studenten!), ihren Leistungen und ihrem Werdegang zu erkundigen. Indizien für eine Entwicklung in der Kinder und Jugendliche unselbstständig und handlungsunfähig gemacht und gehalten werden.

Vielen Eltern und Erziehungstragenden ist nicht klar, dass sie Kindern einen sehr schlechten Dienst damit erweisen. Sie meinen es gut, möchten es den Kindern recht machen und haben das Beste für das Kind im Sinn. Sie wissen nicht, wie schädlich es für die Entwicklung von Kindern ist, ihnen Aufgaben abzunehmen, die sie selber erledigen können und Probleme und Schwierigkeiten, an denen ein Kind wachsen kann, von ihm fernzuhalten. Sie wissen auch nicht wie wichtig es für die Entwicklung ist, schwierige Aufgaben aus eigener Kraft durchzustehen, und daran die eigenen Fähigkeiten zu erfahren und zu entwickeln.

Das Resultat eines solchen Erziehungsstils ist ein Kind, mit fehlenden Kompetenzen, geringer Frustrationstoleranz und wenig Durchhaltevermögen. Es steht vor Aufgaben und hat keine Erfahrungen, wie es sie eigenständig lösen kann. Es sind entmutigte Kinder, mutlos was ihre eigenen Fähigkeiten anbelangt.

**Zurückgewiesene/vernachlässigte** Kinder können ähnliche Symptome zeigen wie überbehütete/verwöhnte Kinder.

Wenn ein Kind allzu oft kritisiert/reglementiert wird oder seine „Leistungen" nicht beachtet werden, verliert es sowohl den Mut, als auch das Interesse etwas selbst zu tun. Es hat keine Lust mehr ein Bild zu malen, weil es Kritik oder eine „Nichtreaktion" als Antwort auf sein Tun bekommt, und dies mit der Zeit auch erwartet. Es mag nicht unbefangen mit anderen Kindern spielen, aus Angst heraus, für etwas wovon es gar nichts weiß, später Ärger zu bekommen. Um ein Kind **nachhaltig** zu entmutigen, müssen diese Reglementierungen oder Nichtreaktionen nicht nur einmal auftauchen, sondern zum grundsätzlichen Umgang mit dem Kind gehören. Das Kind muss eine dauernde emotionale Ablehnung oder Abwehr ihm gegenüber erleben.

Im späteren Leben haben diese Kinder wenig Mut eine Aufgabe selbstständig zu lösen. Sie rechnen damit für ihr Tun bestraft oder ignoriert zu werden, was letztendlich fast genau so unangenehm ist. Sie können wenig, zu wenig im Verhältnis zu ihrem eigentlichen Vermögen.

Als letzten Grund für eine nachhaltige Entmutigung möchte ich auf das Vorliegen von unerkannten **Lernproblemen**, wie beispielsweise einer Legasthenie, hinweisen. Kinder mit realen Einschränkungen ihrer Fähigkeiten, sind resigniert und entmutigt, was Lernen betrifft. Sie bemühen sich, aber aus für sie unerfindlichen Gründen schaffen sie es nicht, erbringen sie nicht dieselben Leistungen wie ihre Klassenkammeraden. Nicht immer wird ihre Schwäche rechtzeitig erkannt, um einer Entmutigung vorzubeugen. Eine gründliche Untersuchung und Befundaufnahme bei Auffälligkeiten beugt der Entmutigung vieler Kinder vor.

Ein großer Teil der Übungen, die wir in der Teschler Lernförderung einsetzen ist gezielt „anti"- entmutigend. Die Übungen tragen dazu bei, dass Kinder stärker werden, sich selbstbewusster fühlen und ihre eigenen Interessen und Fähigkeiten entwickeln können.

# 4. DIE TESCHLER LERNFÖRDERUNG

Die Teschler Lernförderung biete umfassende Hilfestellungen bei Konzentrationsproblemen an, eine eigene Befundaufnahme, körpertherapeutischen Übungen, Mentaltechniken und kindgemäße Mediationsformen. Welches Vorgehen angezeigt ist, welche Übungen und Arbeitstechniken eingesetzt werden, hängt von der individuellen Situation des einzelnen Kindes ab.

## Befundaufnahme und Diagnose

Die gründliche Befundaufnahme steht am Anfang jeder Auseinandersetzung mit einem Kind, welches Konzentrationsprobleme zeigt. Wir haben zu diesem Zweck eine Methode entwickelt, die uns einen direkten Einblick in die Hintergründe und Zusammenhänge ermöglicht, die die Probleme eines Kindes bedingen.

Unser Vorgehen besteht aus der Befundaufnahme und einer damit verbundenen Analyse von themenbezogenen Bildern, die das Kind malt. Wir nennen das Vorgehen die Bildanalyse.

Es entstand in unsere Arbeit mit Kindern, in der wir die Erfahrung machten, dass viele Diagnosen mit denen sie zu uns kamen, wie AD(H)S, aber auch Legasthenie, Hochbegabung, Verhaltensstörung, etc. zwar die Symptome des Kindes beschrieben, jedoch keinen Aufschluss über die Ursachen gaben. Hinzu kam die Erfahrung, dass diese Probleme sehr individuelle Hintergründe haben, die man eigentlich nur dann vernünftig behandeln kann, wenn man etwas über sie weiß.

Die Teschler Bildanalyse ist eine energetische, emotional-subjektive Methode, die einen Einblick in den körperlichen, geistigen und emotionalen Zustand eines Kindes ermöglicht. Dadurch wird er für den Betrachter erfahrbar und nach genauer Analyse nachvollziehbar. Die Methode liefert große Teile zum Gesamtbild der Persönlichkeit und der Problematik des Kindes. Sie macht die körperlichen, sozialen oder seelischen Zusammenhänge bedeutend besser wahrnehmbar, als in herkömmlichen Befundaufnahmemethoden, so die Erfahrung.

Am Ende unserer Befundaufnahme stehen daher keine schlagwortartigen Diagnosen. Die Methode liefert hingegen eine Beschreibung des Zustands des Kindes, sowie der Zusammenhänge und / oder Ursachen seiner Entstehung. Sie macht die individuelle Sicht auf das jeweilige Kind in seinen spezifischen Bedingungen möglich, und erlaubt einen Therapieplan, der an die individuellen Bedingungen angepasst ist.

Individuelle Förderung bleibt so kein leeres Versprechen, die Basis der Konzentrations-, Aufmerksamkeits-, Lern- oder Anpassungsschwierigkeit kann mit Hilfe der Teschler Bildanalyse im Allgemeinen benannt werden.

Die Bildanalyse basiert auf der Tatsache, dass in einem gemalten Bild der Zustand eines Kindes wiederzuerkennen ist. Diesen malt ein Kind nicht bewusst in ein Bild hinein, sondern ganz automatisch und unbewusst, da das gemalte Bild, gleich was es darstellen mag oder wie es gemalt ist, das Abbild und der Ausdruck seiner gesamten Persönlichkeit ist.

## Die Körperübungen: Bei der Sache bleiben - (Hyper)Überaktivität abbauen - Konzentration aufbauen

Die Körperübungen zur Verbesserung der Konzentrationsfähigkeit sind ein Herzstück der Teschler Lernförderung. Sie kommen in jeder basalen Lernförderung vor, sei es in der Einzelsituation, der Kleingruppe oder in der Schulklasse. Darüber hinaus verfügt die Methode über eine Vielzahl weiterer körpertherapeutischer Übungen und Interventionen zum Aufbau der Lernfähigkeit.

Ich stelle Ihnen hier drei Übungen vor, die sich mit den körperlichen, seelischen und mentalen Grundlagen der Konzentration befassen.

Ziel der Übungen ist es:

● <u>Überaktivität abzubauen</u>;

● ausgeglichene Körperfunktionen, im Besonderen <u>harmonische Nerven- und Gehirnfunktionen</u> aufzubauen;

● die Fähigkeit <u>bei einer Sache zu bleiben</u> und <u>sie in der Hand zu behalten</u> jenseits aller Ablenkungen aufzubauen;

● alle Kraft (Wahrnehmung, Gedanken, Energie) auf eine Sache <u>ausrichten</u> können, und sich ganz an eine Sache <u>hingeben</u> können.

### Das Prinzip der Übungen

Die Körperübungen der Teschler Lernförderung sind körpertherapeutische Interventionen, sie wirken sowohl auf körperlicher, wie auf emotionaler und geistiger Ebene. Sie gehen von der Grundannahme der Humanistischen Psychologie aus, dass das Körperliche, das Emotionale und das Geistige eine Einheit bilden.

Sie basieren darauf, über den Körper gezielt positiven Einfluss auf den Gesamtzustand eines Kindes nehmen zu können. Über Körperhaltungen und Körperübungen werden biopsychische Prozesse, die zu einem Abbau von Störungen in der Konzentration und zu einem Aufbau der Konzentrationsfähigkeit führen, initiiert. Denn Konzentration ist keine rein mentale Fähigkeit. Sie hängt wesentlich von körperlichen Voraussetzungen ab.

Die Wirkung der Übungen wird durch die Tatsache unterstützt, dass Kinder im Allgemeinen gut auf körpertherapeutische Interventionen reagieren, in jedem Fall besser und nachhaltiger als auf verbale. Kinder sind nicht „intellektuell", sie sind körper- und erlebensorientiert. Ihre Welt besteht aus dem was sie körperlich erfahren, erleben, spüren und was sie sind. Ihr Körpergefühl und ihr Erleben, das ist ihre Welt. Was wir Erwachsenen uns später manchmal mühsam wieder erarbeiten müssen, als „Einheitlichkeit von Körper, Seele und Geist", ist für Kinder in der Regel keine Problem, sie sind (meist noch) diese Einheit und reagieren dementsprechend gut auf körpertherapeutische Interventionen.

Für die Entwicklung der Übungen haben wir Kinder, Jugendliche und Erwachsene über Jahre hinweg genau beobachtet und herausgefunden, über welche biopsychischen Bedingungen sie verfügen müssen, um konzentrationsfähig zu sein, sowie Konzentrationshemmnisse überwinden zu können.

Die Übungen mit denen wir arbeiten haben sowohl abbauenden Charakter, wenn es um Störungen in der Konzentrationsfähigkeit geht, als auch aufbauenden, dort wo die Verbesserung der Konzentration im Mittelpunkt steht. Mit den Übungen kann man jeweils dort ansetzten, wo ein Kind in seinen Fähigkeiten gefördert werden sollte.

## Die allgemeine Konzentrationsfähigkeit aufbauen

Diese Übung baut die Fähigkeit auf, bei einer Sache zu bleiben und diese Sache fest in der Hand zu behalten. Als ich sie vor vielen Jahren zum ersten Mal mit Kindern einübte, kam sofort der Name: „der Rennfahrer" für diese Übung auf. Seit dem kümmere ich mich nicht mehr um die Namen von Übungen. Ich warte, bis ein Kind eine Übung auf seine Art charakterisiert und schon steht ein passender Name. Die Bezeichnung „Rennfahrer" trifft den Nagel auf den Kopf, und zwar was die Körperhaltung dieser Übung anbelangt, ebenso wie deren Wirkung.!

Vergegenwärtigt man sich einen Rennfahrer und die Leistung, die er während eines Rennens erbringen muss, weiß man was höchste Konzentration ist. Höchste Konzentration heißt innerlich ruhig und gleichzeitig hellwach sein, ganz bei einer Sache sein, schnell auf Veränderungen reagieren können und die Sache (das Steuer) fest im Griff halten. Hätte der Rennfahrer diese Fähigkeiten nicht, stünde es schlecht um ihn.

Hat ein Kind diese Fähigkeiten, steht es gut um seine Konzentration.

Die Übung unterstützt, fördert und baut diese Fähigkeiten auf. Die Haltung ist so gewählt, dass ein Kind in ihr die biopsychischen Kräfte mobilisiert, um sich auf etwas auszurichten, etwas zu fokussieren, eine Sache fest im Blick und im Griff zu behalten und dabei wach zu sein.

Zu Beginn ist es für die meisten Kinder schwer die Haltung einzunehmen und eine Weile in ihr zu bleiben. Sie verfügen körperlich *und* mental noch nicht über eine stabile Konzentration und dementsprechende sind ihre Reaktionen. Sie protestieren, wollen sofort aufhören, können nicht mehr, ihnen tut etwas weh und, und, und.

Kennt man das Kind besser, dann erkennt man an dieser Stelle die Art wieder, in der es reagiert, wenn es sich nicht konzentrieren kann oder ihm eine Aufgabe zu schwer erscheint. Man erkennt die Weise wieder, in der es sich von einer Sache abbringt, in der es sich von einer Sache ablenken lässt. Diese Ablenkungen und die Anfälligkeit für bestimmte Arten des Abgelenktseins, sind ein Hindernis, ein Stolperstein auf dem Weg zur Konzentration.

Die Übung unterstützt das Kind, bei der „Stange"/beim Thema/bei einer Anforderung zu bleiben. Der gewünschte Effekt tritt ein, wenn ein Kind es schafft die Hindernisse/Ablenkungen zu überwinden, und ganz bei sich und gleichzeitig ausgerichtet zu sein. Dann kommt es oft zu einem Moment, den man vor allem in einer Kindergruppe sehr schön erleben kann, es kehrt eine wunderbare Ruhe ein.

Die Wirkung der Übung erschließt sich durch Wiederholung immer besser. Viele Kinder machen diese Übung gerne, denn sie haben mit der Zeit erfahren, wie gut die Ruhe tut, die mit der Übung eintritt. Eine Lehrerin, die schon länger mit den Techniken, so auch mit dem „Rennfahrer", arbeitet, berichtete mir kürzlich, dass sie einen Schüler suchte und ihn beim Üben des Rennfahrers auf dem Flur wiederfand. Er fühlte sich nicht gut und wollte wieder ruhiger, aufmerksamer und konzentrierter werden.

## Überaktivität abbauen – Harmonie der Gehirnfunktionen

Kinder mit innerer Unruhe, Überspannung und Hyperaktivität werden allzu oft und sinnloserweise dazu angeleitet Entspannungsübungen zu machen. Das ist ein logisch erscheinender Gedanke, die Praxis ist meines Erachtens jedoch für viele Kinder nicht effektiv, denn die Kinder verfügen nicht über die Kontrolle über ihre Unruhe und können sich nur sehr schwer auf Entspannungsübungen einlassen. Sie brauchen viel mehr eine Möglichkeit ihre motorische Unruhe gezielt auszuagieren.

Von sich selbst kennen Sie wahrscheinlich auch den Impuls, sich körperlich Abreagieren zu wollen, wenn Sie sehr gestresst und angespannt sind.

Diesem Grundsatz folgt die nächste Übung.

Die Übung ist in der Teschler Lernförderung die wichtigste Übung für Kinder mit **Hyperaktivität/motorischer Unruhe** und **hoher Spannung**. Die Übung entfaltet ihre Wirkung nicht nur bei Kindern, die aufgrund von AD(H)S (welchen Ursprungs auch immer) unruhig sind. Auch die vielen anderen, die unter Spannungs- oder Krampfbereitschaft leiden, inneren Stress haben der sie unruhig macht, eine erhöhte Spannung der Nerven oder des Gehirns als Überbleibsel durchlebter Krankheiten (Meningitis, Sonnenstich, etc.) haben, ihre Gedanken nicht in Ruhe sortieren können, überdreht sind oder, oder … profitieren von dieser Übung. Denn sie wirkt direkt ausgleichend und harmonisierend auf die Gehirnfunktionen.

Die Übung initiiert das Ausagieren der vorhandenen Spannung. „Ausagieren" ist dabei nicht mit dem ähnlich klingenden „Abreagieren" zu verwechseln. Abreagieren ist für Kinder mit Unruhesymptomatik sicherlich auch empfeh-

lenswert, sie können es beim Sport oder bei anderen be-
wegungsintensiven Tätigkeiten tun. Diese Bewegungen
reichen jedoch nicht aus, um die Spannungen von Grund
auf abzubauen. Mit unserer Übung kann ein Kind in den
Kern dieser Spannung gelangen und die Spannung im
Kern **her***ausagieren*, d. h. lösen.

Die Wirkung der Übung basiert auf der Bewegung der Fin-
ger. Erwiesenermaßen haben schnelle Fingerbewegungen
direkte Wirkung auf die Gehirndurchblutung.[5] Auf diese
und andere Forschungsergebnisse stießen wir, nachdem
wir diese Übung entwickelt hatten, und die wohltuende
und beruhigende Wirkung auf hyperaktive Kinder in der
Praxis bereits nachgewiesen war. Unserer Erfahrung nach
geht die Wirkung von schnellen Fingerbewegungen jedoch
über die Gehirndurchblutung hinaus, sie wirkt sich ebenfalls beruhigend auf die Gehirnströme aus, und baut, je
nachdem wie die Bewegungen ausgeführt werden, Spannungen in den Nerven ab.

Ein anderes Wirkprinzip dieser Übung besteht darin, mit
schnellen Fingerbewegungen die flirrende Unruhe, von
der diese Kinder befallen sind, zu simulieren. Durch die
Bewegung erhält diese Unruhe einen direkten körperlichen Ausdruck. Sie findet nicht mehr nur innerlich statt,
sondern in Form einer gezielten Aktion. Das Kind kommt
in die Lage diese Unruhe auszuleben und Stückchen für
Stückchen davon freier zu werden.

Diese Übung kann eine dauerhafte Linderung von innerer
und motorischer Unruhe bewirken, wenn sie über einen
längeren Zeitraum praktiziert wird. Nach dem ersten Üben
ist für viele Kinder schnell eine Erstverbesserung spürbar.
Natürlich wird durch wiederholtes Üben diese Verbesserung dauerhafter und haltbarer gemacht.

## Spezifische Konzentrationsfähigkeit aufbauen

Die dritte Übung, die ganz direkt die Konzentrationsfähigkeit anspricht, widmet sich der Konzentration auf ein konkretes Thema.

Führe ich sie neu bei Kindern ein, frage ich oft, was sie am liebsten tun oder am liebsten täten. Die Antworten reichen von „gar nichts", über „Malen", „endlich eine gute Note schreiben", „Turnen", „Spielen", „Lesen", bis zu … Diese von den Kindern geäußerten Tätigkeiten nehme ich als Objekt, um die Übung einzuführen. Später, wenn die Übung mit guten Erfahrungen durchgeführt wurde, können andere, unbeliebtere Themen in Angriff genommen werden.

Die Übung kombiniert eine Körperhaltung mit einer Visualisierung des gewählten Themas. Sie ist so aufgebaut, dass durch die Haltung zwangsläufig eine Auseinandersetzung mit dem gewählten Thema stattfindet. Die Körperhaltung beugt Ablenkungen oder einem Ausweichen vor dem Thema vor. Das Kind erhält die Möglichkeit sich voll und ganz auf das Thema einlassen.

Die Resultate dieser Auseinandersetzung sind eindeutig. Ein Kind welches am liebsten „gar nichts" täte, stellt fest, dass gar nichts ganz schön langweilig sein kann; eines welches „Malen" als Thema wählt, hat nach dem Üben eine sehr schöne Bildidee; jenes, welches „endlich eine gute Arbeit schreiben" will, sieht sich nach vielen missglückten Anläufen endlich dabei, wie es eine gute Arbeit schreibt und hat auch eine Vorstellung, wie es gehen kann.

Die Kinder lernen in der Übung ihre Energien, Nerven, ihr Wahrnehmung direkt und körperlich auf das Thema auszurichten, und sich mit dem Thema zu konfrontieren. Dieser Prozess führt zu einer inneren Auseinandersetzung mit dem Thema und, da ein Ausweichen vor ihm in der Haltung kaum möglich ist, werden Kräfte im Kind geweckt, die einen konstruktiven Umgang mit dem Thema anregen und in die Wege leiten.

Alle konkreten Dinge mit denen ein Kind umgehen muss, können mit dieser Übung in den Fokus genommen werden, von den Hausaufgaben, über das Schreiben einer Klassenarbeit, die Angst vor der Klassenarbeit, Englisch, Mathe und so weiter.

Die Übung kann sowohl eine Änderung der inneren Haltung zu dem gewählten Thema bewirken, neue Ideen für den Umgang damit liefern, aber auch eine körperliche Umstellung hin zu einer besseren Konzentrationsfähigkeit einleiten.

## Mentale Hilfen zur Steigerung der Konzentrationsfähigkeit

Viele Übungen und Arbeitsweisen der Teschler Lernförderung nehmen ebenfalls direkt oder indirekt Einfluss auf die Konzentrationsfähigkeit. Mit Hilfe effektiver Mentaltechniken können sowohl die Lernstruktur (von der die Konzentrationsfähigkeit ein Teil ist), als auch die Lernstrategien eines Kindes und damit seine Motivation und Haltung zum Lernen, aufgegriffen und verändert werden. In meinem Buch: „Fit fürs Lernen"[6] stelle ich diese Mentaltechniken ausführlich vor.

Kindgerechte Meditationsformen und Entspannungsübungen unterstützen unsere Arbeit. Sie führen zu mehr innerer Ruhe und Ausgeglichenheit und werden von den allermeisten Kindern sehr gemocht.

## Ausbildungen und Seminare

Alle Übungen und Techniken der Teschler Lernförderung werden in berufsbegleitenden Ausbildungen oder themenbezogenen Fortbildungen unterrichtet. Wenn Sie als Einzelperson, Kollegium oder Elterngruppe an einer Weiterbildung in den Techniken der Teschler Lernförderung interessiert sind, nehmen Sie gerne mit uns Kontakt auf. Wir freuen uns auf Sie.

# 5. DIE AUTORIN

Frauke Teschler leitet gemeinsam mit ihrem Mann Wilfried Teschler eine Praxis für Einzelberatungen, Seminare und Ausbildungen in Düsseldorf. Sie ist 1958 in Hamburg geboren, hat dort Grundschulpädagogik, Erziehungswissenschaften und Sportwissenschaft studiert und ist Heilpraktikerin.
Seit 1993 ist sie freiberuflich tätig als Einzeltherapeutin und Ausbilderin für Pädagogen und Therapeuten in der Teschler Lernförderung.

Frauke & Wilfried Teschler

Wasserstraße 11

40213 Düsseldorf

Telefon: 0211 / 160977 - 0

Telefon: 02131/4054200

Fax: 0211 / 160977 - 25

www.lernlust.eu

www.schuelercoaching.eu

Mail: mail@lernlust.eu

# 6. LITERATURTIPPS

**In der Reihe: Kompaktwissen Teschler Lernförderung sind weitere Broschüren in Vorbereitung:**

Wahrnehmung & Sinnesstärkung

Intelligenz

Die Basis des Lernens - Übungen zur Stärkung der allgemeinen Lernfähigkeit

Hochbegabte mit Hilfe der TL fördern und fordern

Schulängste abbauen

TL als Hilfe zur Lösung von Problemen beim Lesen, Schreiben und Rechnen

Teschler Lernförderung in der Schule

Teschler Lernförderung in der Lerntherapie und im Schülercoaching

### Bücher zum Thema:

Frauke Teschler: Fit fürs Lernen, Lernfähigkeiten entwickeln, Polarity Verlag

Wilfried Teschler: Lernen mit Sinn und Ziel, Neue Ansätze zum besseren Lernen, Polarity Verlag

Rudolf Dreikurs: Grundbegriffe der Individualpsychologie, Klett Cotta

Rudolf Dreikurs: Ermutigung als Lernhilfe, Klett Cotta

Helmut Bonney (Hrsg.): ADHS – Kritische Wissenschaft und therapeutischen Kunst, Carl-Auer Verlag

Gerald Hüther, Helmut Bonney: Neues von Zappelphilipp. ADS/ADHS: verstehen, vorbeugen und behandeln, Walter Verlag

Helmut Zell: So steigern Sie Ihre Aufmerksamkeit und Ihr Konzentrationsvermögen: Grundlagen, Strategien, Übungen, Vdm Verlag Dr. Müller

Kai G. Kahl, Jan Puls, Gabriele Schmid: Praxishandbuch ADHS: Diagnostik und Therapie für alle Altersstufen, thieme

# Anmerkungen

[1] Die Reihe wird ständig fortgesetzt und erweitert, mit den wichtigsten die Lernförderung betreffenden Themen

[2] Ein Buch welches sich ausführlich mit der Stoffwechselstörungsthese und anderen Zahlen und Fakten rund um das Thema AD(H)S auseinandersetzt, ist das Buch von Helmut Bonney (Hrsg.): ADHS - kritischen Wissenschaft und therapeutischen Kunst, Carl-Auer Verlag

[3] R. Dreikurs: Ermutigung als Lernhilfe. Klett Cotta

[4] M. Rolff, Wir werden das Kind schon schaukeln! Überbehütete Bewerber Süddeutsche Zeitung 29.01.2009

[5] W. Hollmann, Institut für Kreislaufforschung und Sportmedizin, Köln, Quelle: Ursula Oppolzer, Brain-Fitness-Buch, Humboldt

[6] Frauke Teschler: Fit fürs Lernen – Lernfähigkeiten entwickeln, Polarity-Verlag Düsseldorf

## Notizen / Gedanken / Notizen

## Notizen / Gedanken / Notizen

# Notizen / Gedanken / Notizen

## Notizen / Gedanken / Notizen

## Notizen / Gedanken / Notizen

www.lernlust.eu